AF484916

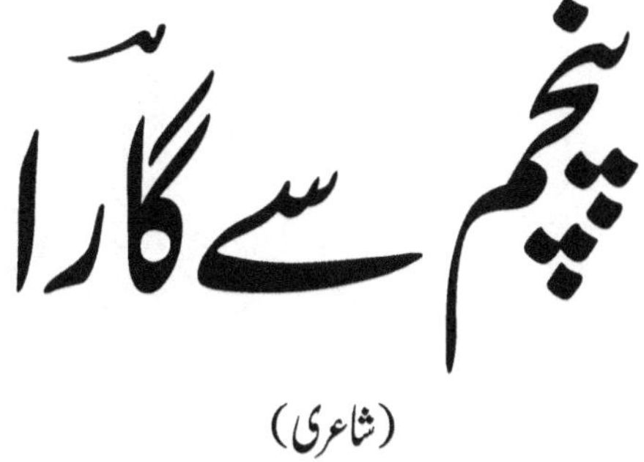

پنجم سے گارا

(شاعری)

عطاءالرّحمٰن طارق

پچھم سے گارا

(شاعری)

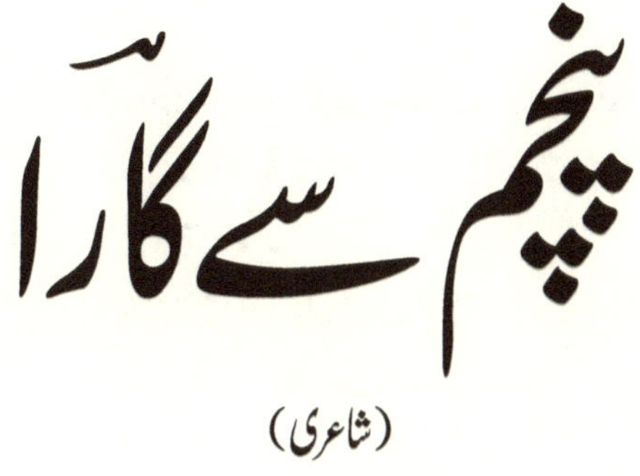

عطاءالرّحمٰن طارق

کتاب دار

نام کتاب	:	پنچم سے گارا
شاعر	:	عطاء الرحمٰن طارق
دیگر تصانیف	:	دھانی دھانی (شاعری)، ملبیری کے آس پاس (شاعری)
بچوں کی نظمیں رکھنانیاں	:	ہرّے ہرّے، دِتم دِتم، ہنڈولا اور دوسری کہانیاں، بوندا باندی، ملائی کھائے چھورا
پیدائش	:	۳۰؍ ستمبر ۱۹۶۴ء، ممبئی
تعلیم	:	بی کام، ایل ایل بی، ماسٹرس ان لیبر اسٹڈیز
مصروفیت	:	اسٹنٹ جنرل مینجر، بامبے مرکنٹائل کوآپریٹیو بینک لمیٹیڈ ممبئی۔
اشاعت	:	۲۰۲۳ء
پتہ	:	A701/3، وجیا کوآپریٹیو ہاؤسنگ سوسائٹی، ویشالی نگر، کے کے روڈ، مہالکشمی
		ممبئی-۴۰۰۰۱۱ ۔ فون: 9773238043
کمپیوگرافی	:	کتاب دار کمپیوٹرز
زیر اہتمام	:	کتاب دار، جلال منزل ٹیمکر اسٹریٹ، ممبئی۔۸

PANCHAM SE GAARA (Poetry)

Ataur Rahman Tariq

Address: 701/3A, Vijaya co-operative Hsg. Soc., Vaishali Nagar,
K.K. Road, Mahalakshmi, Mumbai - 400011.
Mobile.: 9773238043
Email:- ataurrahmankamil@yahoo.com
Year of Publication : 2023

Publisher : KITAB DAAR, 108/110, Jalal Manzil, Gr. Floor,
Temkar Street, Mumabi - 400 008,
Tel : 23411854 / 9869321477 / 9320113631

(پرتیک آف سیٹ، گائے واڑی ممبئی سے شائع ہوئی)

پنچم سے گارآ ...

یہی سادھنا تو

لے جاتی ہے

سُروں کو

نغمے کی سادگی تک

اور

بھر دیتی ہے

روح میں

پرم سُکھ کا احساس

عطاالرّحمن طارق

ترتیب

پنجم سے گارا

نظمیں ر گیت

۶

جانے کیا نُور کے ظہور سا ہے

شام سے شوق میں وفور سا ہے

زیرِ ترتیب ہے کوئی نغمہ

روح میں گونجتا زبور سا ہے

غزل

ترے دلدار پہنچیں گے
سمے کے پار پہنچیں گے

سُبک سیّار پہنچیں گے
سلیماں وار پہنچیں گے

الکھ دربار پہنچیں گے
اگم کے دوار پہنچیں گے

اُڑا کر خاک ہستی کی
خضر آثار، پہنچیں گے

گھنے آزار ہیں لیکن
ترے بیمار پہنچیں گے

گواہی نُور کی دینے
بصد اقرار، پہنچیں گے

گھڑی یلدا کی جب ہوگی
مرے سرکارؐ پہنچیں گے

محمدؐ میرے

سرشٹی کا شرنگار، محمدؐ میرے
سارے جگ کا سار، محمدؐ میرے

رحمت کا اوتار، محمدؐ میرے
سب یاروں میں یار، محمدؐ میرے

دھوپوں میں اللہ، کہاں میں جاؤں
چھایا میں چھتنار، محمدؐ میرے

گِھر آئے گھنگھور، شفاعت اُن کی
رم جھم برسن ہار، محمدؐ میرے

کوثر کے اِس پار، کھڑے ہیں پیاسے
کوثر کے اُس پار، محمدؐ میرے

جانے والے، لے جا، آنکھیں میری
دیکھیں گے دیدار، محمدؐ میرے

اُڑ کر میری خاک مدینے پہنچے
آؤں میں ہر بار، محمدؐ میرے

امرت دھارا

رگ رگ میں جیون کی
دھارا جو بہتی ہے
بہتے ہی رہتی ہے
دھرتی کو اپون کا
شرنگار دیتی ہے

ساگر کے سینے میں
ہلکورے لیتی ہے

دنیا کے میلے میں
اتہاس بھرتی ہے

کتنی ہی صدیوں سے
کتنے ہی قرنوں سے
رگ رگ میں کل کل کا
سنگیت جاری ہے

سرشار ہوں ایسے
میرا تو بس جیسے
ہر انگ روشن ہے

رنگوں کی رچنا میں
جب تک یہ جیون ہے
جیون کے امرت کی
دھارا کو بہنا ہے
بہتے ہی رہنا ہے!

ایکم ست

مانِک ست	مونگا ست
اندھا ست	گونگا ست
بہرا ست	گہرا ست
بہتا ست	ٹھہرا ست

دریا ست	موتی ست
جوتی ست	سونا ست
چاندی ست	رانگا ست
پیتل ست	نرمل ست

شیتل ست	رائم ست
روپم ست	ڈالر ست
درہم ست	ایکم ست

۵

بہار کی ہوا نے مجھے لہرا دیا ہے

ایک بے نام خوشبو نے میرے سینے میں

ہوک سی بھر دی ہے

اور من میں اُداسی نے ڈیرا ڈال دیا ہے

ایسے میں بھلا

پھول چننے کی سُدھ کہاں؟

یوں لگتا ہے جیسے اس رُت کی گرم سانسیں

مجھے چھو کر مجھ میں اپنا دھورا پن تلاش کر رہی ہیں

اور میں جان بھی نہ سکی

کہ

یہ مدہوشی تو میری اپنی ہے

اور یہ خوشبو تو

میرے اندر ہی کہیں گہرائیوں سے پھوٹ رہی ہے

سورج نے سمیٹ لی ہیں کرنیں

مغرب کی اذان ہو رہی ہے

وہ میری نظر کے دائرے میں

بس یوں ہی لیے دیے کھڑی ہے

گو بات وہ کر رہی ہے سب سے

پر دھیان ہے اس کا میری جانب

ساعت یہ کہیں نکل نہ جائے

سو میں نے بھی باندھ لی ہے نیت

کچھ دیر کو سکوت چھا گیا ہے

دونوں کی نماز ہو رہی ہے!

عشق ناز ____ بے نیاز

عشق راز ____ نیم باز

عشق تاز ____ دلگداز

عشق ساز ____ دلنواز

عشق چشمۂ حیات

بوند بوند ارتکاز

عشق آرزوئے خواب

اور آرزو جہاز

عشق بندگی کا سوز

عشق درد کی نماز

وہ روپ سے بنی ٹھنی

(پاتر لکشنم)

وہ روپ سے بنی ٹھنی

کمل نین لبھاؤنی

ستارے اُس کی کردھنی

'خیالؔ اُس کی پیجنی

پڑے ہیں جس میں سونو پر

بہارؔ کے لگے ہیں سُر

اُسے ہیں یاد سارے گُر

مدُھر مدُھر ....

چلے تو مند کانتا

رُکے تو نُور کی انی

وہ روپ سے بنی ٹھنی

۞

دھنک سا روپ نہیں

چھاؤں نہیں

دھوپ نہیں

کنول سا رنگ نہیں

رو بیا سا رنگ نہیں

ہرن سی چال نہیں

کنٹھ میں خیال نہیں

نہ مست مست سی آنکھیں

نہ موہنی نہ سجل

بجا مگر

یہی دنیائے آرزو تو نہیں

وہ میرے ساتھ میں رہتی ہے

دھڑکنوں کی طرح

ہے اُس کا نام محبت

اُسے خدا رکھے

اُسی کے دم سے یہ دُنیا

حسین لگتی ہے!

۞

ہوئی جاتی ہے بے آرام لیکن
کچن کے کام سب نمٹا رہی ہے
دوپٹے سے پسینہ پونچھتی ہے
یونہی کچھ سوچ کر مسکا رہی ہے
نمک سالن میں حسبِ ذائقہ ہے
بڑی سوندھی سے خوش بو آ رہی ہے

۞

بولے: میں بس پہنچ رہا ہوں
آتے تو کب کا آ جاتے
سڑکوں پر ٹریفک ہے شاید
اور یہاں نیٹ ورک، نہیں ہے
جانے کیا، کیا سوچ رہی ہوں
آٹا گوندھا ہوا رکھا ہے!

؏

اِس نیند کا بُرا ہو

وہ میرے پاس آیا

اُس نے رباب چھیڑا

افسوس میں نہ جاگی

نغمے کی گونج میری

پلکوں پہ تھرتھرائی

یہ رات بے ثمر ہے

مجھ کو نہ جاگ آئی

وہ جس کا سانس میری

صبحوں کو رس مسائے

وہ جس کا خواب میرا

ہر انگ گدگدائے

وہ آئے ___________

میں نہ جاگوں؟

اس نیند کا برا ہو

کنڈل کی جھلک دکھا جانا

ہے راجن میرے آ جانا

جب دل میں آگ بھبکتی ہو

تم امرت جل برسا جانا

جیون کے اس کولاہل میں

تم چپ کی لہر اٹھا جانا

میں سکھ کے ٹھاٹ نہا جاؤں

کوئی ایسا گیت سنا جانا

سونے من کی اندھیاری میں

اپنا آلوک بسا جانا

تم آ کر الکھ جگا جانا

کنڈل کی جھلک دکھا جانا

ہے، راجن میرے آ جانا!

؏

میں جل پاکھی ....تم نیل کمل

اُڑتے اُڑتے بہتے بہتے
کہیں دور دیس ہم جائیں نکل

میں جل پاکھی....تم نیل کمل

سب کھیل ہوا، کب میل ہوا
طوفان لیے آئے بادل
لہروں نے مچائی اُتھل پتھل

میں جل پاکھی....تم نیل کمل

اُڑتے، بہتے دن جائیں گے
سنتے، کہتے دن جائیں گے
دو متوالے پھر آئیں گے
دو متوالے ... پریمی پاگل

میں جل پاکھی....تم نیل کمل!

بادام کے پتّے لال ہوئے
تم جانو ہم بے حال ہوئے

گلیوں میں ایسے شام ہوئی
رُت لہرائی، بدنام ہوئی
سپنوں کے سکھ سیّال ہوئے
بادام کے پتّے لال ہوئے

اندیشے آئے چلے گئے
پنچھی اترائے چلے گئے
دن پر دن بیتے سال ہوئے
بادام کے پتّے لال ہوئے

پتّوں سے کیا دلداری ہے
جھڑ پکنے کی تیاری ہے
سب ہونے کے جنجال ہوئے
بادام کے پتّے لال ہوئے

پریت، میں تیری پناہوں میں کھو جاؤں

رستہ دیکھوں، کھڑی کھڑی پچھتاؤں

ایک ہی لاگ ہے من میں... اُن کو پاؤں

پریت، میں تیری پناہوں میں کھو جاؤں

دیر لگی سو دیر لگی

اب اور نہ دیر لگاؤں

سانجھ سویرے جگ کے پھیرے

جگ سے کیسے نبھاؤں؟

لوگ مجھے سمجھانے آئیں

میں اُن کو سمجھاؤں

کیا جانوں بیوپار

بھلا کیا جوڑوں اور گھٹاؤں

ایک ہی لاگ ہے من میں... اُن کو پاؤں

پریت، میں تیری پناہوں میں کھو جاؤں

؏

سب سمے کے بھید بتاتے ہیں

وہ آتے ہیں

تم جانو، ہم گھبراتے ہیں

وہ آتے ہیں،

اُن کے آنے کی بیلا میں

کیا من کو گیت سُہاتے ہیں

وہ آتے ہیں

آہٹ سی دل میں ہوتی ہے

ہم سوتے سے جگ جاتے ہیں

وہ آتے ہیں

ساون کی سونی راتوں میں

بادل طوفان اُٹھاتے ہیں

وہ آتے ہیں

اب دکھ کے دھیان بسرتے ہیں

اب سکھ کے سانس سماتے ہیں

وہ آتے ہیں

سب سمے کے بھید بتاتے ہیں

کجری

دھوپ اری دھوپ
آئی پیا کو ستانے

پیا کو ستانے،
رنگ چمپا کا جلانے

پیا کہیں جائیں
ساری لے لوں میں بلائیں
تو نہ مانے تو نہ مانے
آئی پیا کو ستانے

پیا سنو لائے
تجھے لاج نہیں آئے
ہنسی کھیل کے بہانے
آئی پیا کو ستانے

روپ کی چھاؤں

جہاں جائیں میں بچھاؤں

پریت ہمری تو کیا جانے

آئی پیا کو ستانے

دھوپ اری دھوپ

آئی پیا کو ستانے

پیا کو ستانے

رنگ چمپا کا جلانے

عطاء الرحمن طارق

چاہت کی پیاسی

رات کی آنکھوں میں گہری اُداسی

کمرے میں پھیلی ہے بے زار خوشبو

بکھرے ہوئے ہیں کچھ پھول باسی

کیسے چھپاؤں؟

کیسے بتاؤں؟

نزدیکیوں میں دوری ذرا سی

گوٹی، بنائی،

نسخے دوائی،

میں باندھ آئی

جالی سے دھاگے.... روضے کے آگے

بندش جو ٹوٹے

یہ داغ چھوٹے

چھائے تو برسے چھاجوں گھٹا سی

چاہت کی پیاسی

رات کی آنکھوں میں گہری اُداسی!

بانجھ پن کا گیت

بھاگ میں جب لکھی ہے برائی... ری مائی

میں مر کیوں نہ جاؤں؟

جان لے لے گی یہ جگ ہنسائی.... ری مائی

میں مر کیوں نہ جاؤں؟

موت آئی مجھے پر نہ آئی.... ری مائی

میں مر کیوں نہ جاؤں؟

کس کی چوکھٹ نہ دیپک جلایا بتا

کس کے آگے نہ بِتا سنائی... ری مائی

میں مر کیوں نہ جاؤں؟

میرے سپنوں کے ننھے کنول کیا ہوئے

چھا گئی جھیل پر کیسے کائی... ری مائی

میں مر کیوں نہ جاؤں؟

پھر پڑوسن کٹورہ رہ کے پیڑا اُٹھی

اور میں رات بھر تلملائی... ری مائی

میں مر کیوں نہ جاؤں؟

بھاگ میں جب لکھی ہے برائی... ری مائی

میں مر کیوں نہ جاؤں؟

کاہے نگر آ گئی ہو
ری جوگن،
او چھے یہاں کے نواسی
بھِکشا میں کیول اُداسی
یوون کی مالا
من میں اُجالا
جائے کہاں ... پریم پیاسی

کوئی نہ جانے،
ہردے کی پیڑا
گھومے ہراسی، ہراسی

باہر ہے مایا
بھیتر ہے مایا
بیٹھی ہے ناگن، بلاسی
کاہے نگر آ گئی ہو
ری جوگن!

سامنے بیٹھے ہیں وہ

صورت دیکھوں نیر بہاؤں

سارے سنکٹ بہہ نکلے

میں اُڑی پھروں، اِتراؤں

ٹوٹ رہے ہیں شوق کے بندھن

کون سا گیت سناؤں؟

میں جانوں وہ سُر کے پارکھ

کیسے اُنھیں رِجھاؤں

اپنی البیلی تانوں سے

اُن کے چرن چھو آؤں

میرے بولوں میں رس اُترے

اور میں گاتی جاؤں

آج تو ایسے ڈوب کے گاؤں

اپنا آپ بھلاؤں

میں داسی وہ میرے سوامی

سارے بھید مٹاؤں

میں ایسا گیت سناؤں!

پریت کے رنگ نہاؤں

بولوں ، بول ، ابولے.....

اور انوکھے گیت سناؤں

رنگوں کی شالا میں جاؤں

رنگ سے رنگ بناؤں

رنگوں کے اُتسو میں ناچوں

کھیلوں رنگ اُڑاؤں

رنگ سے رنگ کے بھید نکالوں

میں ہلکورے کھاؤں

رنگوں کی بوچھار میں بھیگوں

چوٹ پڑے مسکاؤں

پریت کے چوکھے رنگ نہا کر

انگ انگ سہلاؤں

پریت کے رنگ نہاؤں

بولوں بول ، ابولے...

اور انوکھے گیت سناؤں

لوک گیت

اشوکا کے پتوں میں چمک آ گئی ہے
کنواریوں کے گیت میں ہنسی،
اور ہنسی میں گیت گھل مل گیا ہے
پانی گھڑوں میں چھپٹاتے جا رہا ہے
دن چڑھ آیا ہے
اور کام ادھورے پڑے ہیں

اس نے اپنی تامنبڑی * کو
سر سے اُتار کر
گود میں لے لیا ہے
اس کی نا بھی کے آس پاس
ہلکی سی فر بھی نے
اس کے حسن کی دلکشی کو
کچھ اور بڑھا دیا ہے

* تانبے کی چھوٹی کلس

ہٹ کا گا کیا شور کرے ہے

ہٹ کا گا کیا شور کرے ہے

بیری کا ہے بور کرے ہے

دیکھ ہنسی مت کیچو موسے

چین پڑے اب کون بھروسے

تنگ جیا کی ڈور کرے ہے

ہٹ کا گا کیا شور کرے ہے

پنکھ جھاڑ کر پیچھے لاگا

کچھ نہ ملا تو نتھ لے بھاگا

گورکھ دھندا چور کرے ہے

ہٹ کا گا کیا شور کرے ہے

ہر آہٹ پر کان لگایا

آنے والا کوئی نہ آیا

سانجھ کا دیپک بھور کرے ہے

ہٹ کاگا کیا شور کرے ہے

کاسے تیری چونچ مڑھاؤں

گھر بیٹھوں یا پنگھٹ جاؤں

بدنامی چھوں اور کرے ہے

ہٹ کاگا کیا شور کرے ہے

بیری کا ہے بور کرے ہے!

الٹ گئی چھتری

ہوا سے الٹ گئی چھتری

ہو گئی پانی پانی، نگری دیکھ رہی سگری

الٹ گئی چھتری

ایسا پھسلا پاؤں،

ارے سدھ کوئی تو لو ہمری

نیم کے نیچے کب تک بھیگوں

سُن ری او، بدری

تو ہی بول، سکھی اب کیسے

گاؤں میں کجری

بوندوں کی ٹپکار سے ہو گئی

دل کی چوٹ ہری

الٹ گئی چھتری....

ہوا سے الٹ گئی چھتری!

۞

پیاری سکھی ممبئی ـــــــــ سوکھ گئی جھیل
کیاری، سکھی ممبئی ـــــــــ سوکھ گئی جھیل

نلکا ٹپاٹپ، آنسو بہائے
چار بجے ٹوٹ گئی سپنوں کی ریل

آئی پڑوسن، لڑنے کو سوتن
سونے کے کنگن دکھائے ذلیل

پانی ستائے ـــــــــ آئے نہ آئے
اب کیسے دھوؤں اِن کے کپڑوں میں نیل؟

آئے جو ساون برسے گھنا ن
ہو جائے گھر گھر میں جاری سبیل
پیاری سکھی ممبئی ـــــــــ سوکھ گئی جھیل
کیاری، سکھی ممبئی ـــــــــ سوکھ گئی جھیل

۞

آیو ہتھیل پانی ــــــ

رانی،

آیو ہتھیل پانی ــــــ

جیسے رن میں رانا گرجے

سن ساون کی بانی

رانی،

آیو ہتھیل پانی ــــــ

سب سکھیاں مل تیج منائیں

ایک سے ایک دِوانی،

رانی،

آیو ہتھیل پانی ــــــ

رنگ محل میں آیو ساجن

رنگ بھیو سب دھانی

رانی

آیو ہتھیل پانی ــــــ

ساون کو سموئے رہتے ہیں

اپنے اندر

پتہ پتہ پیڑ گھنے ______

چپ چاپ کھڑے جو آئیں نظر

رنگوں میں نہائے لمحوں کو

پی لیتے ہیں قطرہ قطرہ

اپنی نمناک نسیجوں میں

پھر دھوپ کو تھوڑا بہلا کر

پھر ہوا کو تھوڑا پھسلا کر

مستی میں اچانک لہرا کر

رچ لیتے ہیں اپنا موسم

کچھ اِدھر اُدھر ______

پتہ پتہ پیڑ گھنے

چپ چاپ کھڑے جو آئیں نظر

ساون کو سموئے رہتے ہیں

اپنے اندر ______

بارش ہے بے لاگ
پیاس چھپاؤں کیسے؟
اُٹھ اُٹھ کے میں پانی پینے جاؤں
جاؤں تو جاؤں کیسے؟
بارش ہے بے لاگ

چڑھ آتے ہیں ناگ
منتر یاد نہ آئے
میرے من میں آگ
دھیان لگاؤں کیسے؟

پتّے پر ہے بوند
بوند میں آس لگی ہے
بہہ جائے گی
پتّے کو سہلاؤں کیسے
آس بہے گی اور کہے گی
"باڑھ آئی ہے"

باڑھ آئی ہے
چپ کا زہر دباؤں کیسے؟
اُٹھ اُٹھ کے میں پانی پینے جاؤں
جاؤں تو جاؤں کیسے؟
بارش ہے بے لاگ!

یہی گیہواں روگ جیا کا

یہی گیہواں روگ جیا کا
گھن سب کھائے رہا ہے وا کا

گیہواں جو پیس بیٹھی
واکو راون نے تا کا

کیا پیسوں، ریندھوں، کھاؤں
سا جن میں گئے کمانے
سب اپنا آپ بھلاؤں

پڑ جائے کہیں ناڈا کا
یہی گیہواں روگ جیا کا

۸

چاند کنویں میں پھاند گیا
تو نری چکوری ہوگئی
سچ سچ بول سکھی تو کیسے اتنی گوری ہوگئی!

جھولے بن میں پڑ گئے، میٹھی مجبوری ہوگئی
ہنس کر دیکھا پردیسی نے ــــــــــ 'لو اسٹوری' ہوگئی

چورا چکلے گھس آئے ہیں گاؤں میں چرچا عام ہوا
سونی رات میں خالی کیسے بھری تجوری ہوگئی

جو منہ آیا بک جاتی ہے دو جا کوئی کام نہیں
تجھے پیرے لے جائیں تو بڑی چھچھوری ہوگئی

چاند کنویں میں پھاند گیا ـــــــــ
تو نری چکوری ہوگئی
سچ سچ بول سکھی تو کیسے اتنی گوری ہوگئی

پنجم سے گارا   عطاء الرحمٰن طارق

۸

تم سے مل کر سوچ رہا ہوں
لے لوں میں بن باس!

کچھ بولو، کچھ بات کرو   کیوں چپ چپ ہو بتلاؤ
کیوں ہوا تنی اُداس؟

میں ہوں کوئی چور اُچکّا   پاس تو میرے آؤ
آؤ تو میرے پاس

اپنے پلّو موسم باندھے   آنگن میں لہراؤ
پھولو بارہ ماس

میں سمجھا کر ہار گیا،   اب تم مجھ کو سمجھاؤ
کیسے نہ ٹوٹے آس؟

تم سے مل کر سوچ رہا ہوں
لے لوں میں بن باس!

کون کہے اُس چاوٹ سے
دیکھ نہ اور لگاوٹ سے

بھیگے ہونٹ تراوٹ سے
تازہ، نرم اماوٹ سے

رنگ ہیں سارے پھاگن کے
جھلکے روپ کساوٹ سے

گیلے ڈھیلے بال بندھے
کس کو کام بناوٹ سے؟

اپنے انیندے نین لئے
باتیں کرے گھلاوٹ سے

؎

اپنے مدھ میں ڈولے ہے
چین سے کب وہ بیٹھے ہے

وہ اُترے تو وادی میں
جیسے گنگا اُترے ہے

اُس کا بالا جھومے تو
کھیت نشے میں جھومے ہے

اُس کا لہنگا گھومے تو
قصبہ سارا گھومے ہے

اچھا تو یہ موسم بھی،
اُس کی اُترن پہنے ہے!

ؔ

ڈالی ڈالی، پی کر لالی

ہرے پات گدرائے

جنگل کو بس جنگل سُوجھے

رنگ پھلوں میں آئے

بے کل بے کل، بہت اکل کل

پانی راہ نہ پائے

رہ، رہ، ایڑی کے بل ناچے

گھومے چکری کھائے

گہری، تیز، گھنی، دم لیوا

بُو نتھنے سہلائے

خواہش ایک شدید لگھری

اِت جائے، اُت جائے!

پری خانہ

ہوسناک نظریں

لٹکتی ہیں فانوس بن کر

ہوسناک نظریں

چمکتی ہیں پردے سے چھن کر

دہکتی ہیں آتش کدے میں

لپکتی ہیں دیوار و در پر

ہوسناک نظروں کا ہالہ

یہاں سے وہاں ناچتا ہے

بہت دیر اس نے لگائی

بنایا...سجایا...سنوار

بہت دیر خود کو نہارا

سبھی جانتے ہیں

بہت دیر لگتی ہے اس میں

ہنر مند مشّاطگی ہے

اشارے ہیں، آمادگی ہے

فسوں ہے فراموشگی ہے

یہیں موت ہے

زندگی ہے!

کُلون (CLONE)

یہ کیا بلا ہے جو میرے اوپر

طرف طرف سے جھپٹ رہی ہے

یہ خواب ہے، ابتلا ہے کیا ہے؟

خیال ہے واہمہ ہے کیا ہے؟

طلسم ہے طیفیہ ہے کیا ہے؟

میں اپنے خلیوں میں ٹوٹتا ہوں

میں اپنے مرکز سے پھوٹتا ہوں

میں بہہ رہا ہوں کہ تھم گیا ہوں

میں پھیلتا ہوں کہ جم گیا ہوں

میں جاگتا ہوں کہ سو رہا ہوں

میں ہو چکا یا کہ ہو رہا ہوں

 عطاء الرحمن طارق

سمٹ رہا ہوں،

بکھر رہا ہوں،

میں جی اُٹھا ہوں کہ مر رہا ہوں

ازل کی ماری ابد سے عاری

یہ میرے اندر خلا ہے.... کیا ہے

یہ کیا بلا ہے؟

طرف طرف سے

جو میرے اوپر جھپٹ رہی ہے

سب جگ دیس میں بھارت دیس

سکھ میں ہنسے اور دکھ میں روئے

ایک سے جاگے، ایک سے سوئے

جان سکانا بھید یہ کوئے

کون کہارے، کس کی ٹھیس

پانی میں پانی مل جائے

تال، ندی، ساگر کہلائے

پریم سدا من میں لہرائے

سادھو سے بولے درویس

دیپک ایک اندھیرا ایک

سندھیا ایک سویرا ایک

سب کچھ تیرا میرا ایک

پھر کیا باقی، پھر کیا سیس

سب جگ دیس میں بھارت دیس

بسا ہے دل میں ہندستان

ہم کو ہے ابھیمان،
بسا ہے دل میں ہندوستان!
ہم ہیں اس کی گود کے پالے
پریم اہنسا کے متوالے
ہم اس کی پہچان

ایک کُٹم کی آل ہیں سارے
اس دھرتی کے لال ہیں سارے
ایک ہے اپنا جہان

قسم ترنگے کی کھاتے ہیں
ہم اس پر واری جاتے ہیں
اونچا ہے نشان

ہم کو ہے ابھیمان،
بسا ہے دل میں ہندستان!

ممبئی میری جان

آشا نگر   سپنا نگر

چھایا نگر   مایا نگر

چاندی نگر   سونا نگر

مہنگا نگر   ستا نگر

ہنستا نگر   بستا نگر

پوجا نگر   شردّھا نگر

شوبھا نگر   سمتا نگر

کھویا نگر   رویا نگر

فٹ پاتھ پر   سویا نگر

سادھو نگر   بھوگی نگر

یوگی نگر   روگی نگر

اونچا نگر نیچا نگر
جیتا نگر مرتا نگر
اٹھکیلیاں کرتا نگر
کڑوا نگر میٹھا نگر
گونگا نگر بہرا نگر
لگتا نہیں جنگل سے ڈر
جنگل میں آ دھمکا نگر
جیسی پڑی جس کی نظر
ویسا اُسے آیا نظر
جیسا بھی ہے ہاں ہاں مگر
ہے مجھ پہ نگر اپنا نگر

زندگی

دھند بھرے موسم میں

کیڑے مار دھویں کی مشینیں سنبھالے

تنگ اندھیری گلیوں سے

عجلت میں گزرتا

کارپوریشن کا بے چہرہ آدمی

اُس کے پیچھے لپکتے

میلے کچیلے بچوں کا شور

پھپھوند

ہم نے ایک دوسرے کو

مسکرا کر دیکھا

اور ہاتھوں کے جراثیم تبدیل کیے

ایسے میں جب کہ

ہمارے دلوں کو

اندر ہی اندر

لاتعلقی کی پھپھوند

لگ رہی تھی

۶۸

ہم نے اپنے سکھ

آسان قسطوں میں ادا ہونے والے

قرضوں میں نپٹا دیے

اور اب

سستی فلموں کے پوسٹرسی

زندگی بسر کرنے پر

مجبور ہیں

۶۸

کھینچ بہت دشوار ہے جیون
کھینچے جا بھی کھینچے جا

پڑنے لگی ہے کم آکسیجن
کھینچے جا بھی کھینچے جا

یوگ عجب ہے کیوں ڈرتا ہے
جو ڈرتا ہے وہ مرتا ہے
رکتی کب ہے سے کی دھڑکن
کھینچے جا بھی کھینچے جا

روٹی بولے: بھوک بڑی ہے
جبڑا کھولے موت کھڑی ہے
رونا کیسا مورکھ مت بن
کھینچے جا بھی کھینچے جا

دنیا دھوکے کی ٹٹی ہے
دھڑ دھڑ جلتی ہے بھٹی ہے

جلتے جانا جیسے ایندھن
کھینچے جا بھئی کھینچے جا

کھینچ بہت دشوار ہے جیون
کھینچے جا بھئی کھینچے جا

آخر کب تک...

اپنی جان کی   دنیا   رشوت
کب تک آخر... آخر کب تک؟

جیون گھایل پنچھی کی گت
کب تک آخر... آخر کب تک؟

جاگے آشا، سوئے قسمت
کب تک آخر... آخر کب تک؟

راج کرے گی اندھی طاقت
کب تک آخر... آخر کب تک؟

بازاروں میں گھر کی عزّت
کب تک آخر... آخر کب تک؟

رنگ محل میں تا تھَی تھَی تت
کب تک آخر...آخر کب تک؟

بول پسینہ مانگے اُجرت
کب تک آخر...آخر کب تک؟

پھوٹ پڑے گا لاوا اک دن
چیخ اُٹھے گا اک دن پربت
کب تک آخر...آخر کب تک؟

کورس گیت

(کسانوں ، مزدوروں کے نام)

سونا مٹی کو بنایا
دانہ کھیت سے اُگایا
تو نے پوچھا نہیں تب،
تیرا نام ہے کیا؟
تیرا دھرم ہے کیا؟

ہم نے سڑک بنائی
ہم نے پاٹ دی کھائی
تو نے پوچھا نہیں تب
تیرا نام ہے کیا؟

خون پسینہ بہایا
بھر پیٹ نہیں کھایا
کیوں پوچھا نہیں رے
تیری ذات ہے کیا؟

ہم نے سُرنگ بچھائی
اپنی جان بھی گنوائی
کیوں پوچھا نہیں رے...
تیری ذات ہے کیا؟

تیرا دھرم ہے کیا؟
دے ہتوڑے پہ ہتوڑا
جوڑا اینٹ سے روڑا
تو نے پوچھا نہیں تب
تیرا نام ہے کیا؟
تیرا دھرم ہے کیا؟

ہم نے دھات کو موڑا
کھایا پیٹھ پہ کوڑا
کیوں پوچھا نہیں رے
تیری ذات ہے کیا؟

جھوٹ تیری پہچان
تو نے بانٹے انسان
پیسہ تیرا بھگوان
بھید سب نے لیا جان
بھید سب نے لیا جان!

جاگو رے جاگو جن جاگو

دھرتی کی سنو دھڑکن جاگو
کن کن ہے آندولن جاگو

دھنوان ہو یا نردھن جاگو
پھر داؤ پہ ہے جیون جاگو

خطرے میں پڑی ہے آزادی
پھر جاگ اٹھا ہے رن جاگو

پھر رکھ لو جان ہتھیلی پر
پھر سر پر باندھ کفن جاگو

تم کیسے یار سپاہی ہو؟
تمہیں ڈھونڈ رہا ہے وطن جاگو

اتہاس پلک جھپکاتا ہے
پھر سے کا ہے منتھن جاگو

سوچو آنکھیں کھولو، دیکھو
چھوڑو یہ اندھا پن جاگو

تم آخر کب تک گاؤ گے؟
"گر دھر جاگو ـــــــ موہن جاگو؟"
جاگو رے جاگو جن جاگو!

(CAA / NRC کے خلاف احتجاج کے پس منظر میں)

بدن کی آگ سے لہولہان انگارے
دہک رہے ہیں مگر بے تکان انگارے

کہا تھا میں نے : خبردار، ان کو مت چھونا
کہ چھوڑ جاتے ہیں اپنا نشان انگارے

وہی جنون، وہی نفرتیں، وہی سازش
سنا رہے ہیں وہی داستان انگارے

سوال پوچھ رہے ہیں ___ جواب آنے تک
بکھر نہ جائیں کہیں نوجوان انگارے

یہاں تو ہم نے سجائے تھے پیار کے گملے
کہاں سے آ گئے یہ بدگمان انگارے

نشہ مُکتی گیت

روگ وہ جو روگی کو کھائے

موت سے تجھ کو کون بچائے

زندگی ہے سسکاری

دھواں اُٹّھے سینے میں آئے

کہیں آکاش میں گدھ منڈلائے

روئے تیری مہتاری

نشہ چھوٹے تو مُکتی پائے

تُو سمجھے تو کوئی سمجھائے

نشے سے کیسی یاری؟

کرونا میں نا جاؤں گی

نا کجھری میں نا گاؤں گی
کرونا میں نا جاؤں گی

گلیوں میں جو سنّاٹا ہے
بلّی نے رستہ کاٹا ہے
میں کیسے واپس آؤں گی؟
کرونا میں نا جاؤں گی

تین ہاتھ کی دوری ہے
یہ دوری بہت ضروری ہے
پڑوسن کو سمجھاؤں گی
کرونا میں نا جاؤں گی

منہ اپنا ڈھانپ کے آیا ہے
کیسا اندھیر مچایا ہے
پہلے اس کو نپٹاؤں گی
پھر کجھری شوق سے گاؤں گی
کرونا میں نا جاؤں گی

عطاء الرحمن طارق

زندگی ہے جامنوں سی...

گُڑ گُڑ ڈالو،

جامُنیں ہیں کھٹّی میٹھی

جیسے دُکھ سُکھ زندگی کے

گُڑ گُڑ ڈالو،

جامنوں میں سواد بڑھتا ہے

نمک سے،

سواد، جیسے تجربے بے امرو نہی کے

گُڑ گُڑ ڈالو،

جامُنیں ہیں کھٹّی میٹھی

گُڑ گُڑ ڈالو،

زندگی ہے جامُنوں سی!

۵

دنیا چار دنوں کا ڈیرا ہے
یہی بسیرا، تیرا میرا ہے

دکھ سکھ تو جانا پہچانا ہے
کیا اترانا، کیا پچھتانا ہے؟
یہ تو جنم جنم کا پھیرا ہے

ایک سی آگ ہے اپنے سینے میں
مرنے کی صورت ہے جینے میں
دن کے اوپر رات کا گھیرا ہے

دیپ جلائیں آشا کے من میں
سورگ بسائیں اپنے آنگن میں
پھر ہونے کو دور اندھیرا ہے

جیون چار دنوں کا ڈیرا ہے
یہی بسیرا تیرا میرا ہے

جیون : دھول بھرا قالین

دھول بھرے قالین ساجیون

دھوپ نے رنگ اُڑایا

بدلے موسم بدلی کایا

دھول بھرے قالین ساجیون

نہیں کسی کو آنا،

اُدھڑ اجائے تانا بانا

دھول بھرے قالین ساجیون

بولے بھائی مراری،

دیکھے، اور ہنسے بیوپاری

دھول بھرے قالین ساجیون

کیسے جائے لپیٹا،

سوچا، کیا تو نے کچھ بیٹا؟

عطاء الرحمن طارق

موجود

اپنی دہلیز تک پہنچنے کے لیے

میں نے کتنے ہی کواڑ کھٹکھٹائے

اپنا کھوج پانے کے لیے

بھٹکتا پھرا، خلاؤں میں

چھوڑ آیا اپنے نشان

ثابت اور سیّاروں پر!

گزرا، کتنے ہی زمانوں کی وحشت سے

کہ انجام کار

موند لیا اپنی پلکوں کو

اور سرگوشی میں خود سے کہا:

"کہاں ہو تم؟"

ایک سرگوشی،

جو بہہ نکلی ہزار دریاؤں کا پانی بن کر

اور بہا دیا جس نے سب کچھ

یقین کی باڑھ میں:

"ہاں،

یہیں تو ہوں میں!"

ندی پُل

یہ ندی پُل ہے

میں ریلنگ کے سہارے کھڑا ہوں

یہاں دو ندیوں کا سنگم ہوتا ہے

شام اپنے ہاتھوں میں

پوجا کی تھالی لیے

دن کو شر دّھا کے پھول ارپت کر رہی ہے

ندی پل کے زینے سے

پگڈنڈی یوں لپٹی ہوئی ہے

جیسے کسی داسی نے اپنے سوامی کے چرنوں میں

سر رکھ دیا ہو

یہ پُل دو کناروں کا مقدس رشتہ ہے

میں ریلنگ کے سہارے کھڑا ہوں

یہیں اُس نے مجھ سے ملنے کا وعدہ کیا ہے!

؏

جنگل جنگل سایا

میں نے ایک گلہری کو

اخروٹ چراتے پایا

یار نے میری جانب دیکھا

ہولے سے مسکایا

میں نے دل کی کھوج نکالی

اور بہت پچھتایا ـــــــــ

بالکنی میں لٹکی

جائے نماز سے

روز ایک دھاگا نوچ لیتی ہے

گوریا

بنا رہی ہے گھونسلہ

چھت اور بک شیلف کے بیچ

پڑے شگاف میں

لگے ہوئے ہیں کان

آوازوں کے غول میں

سُننے کو،

ننھی چُوں چُوں کی تکرار

﷽

دُکھ اک نیلی آنچ

میری چنتا مت کر پیارے

اپنی پوتھی جانچ

دُکھ اک نیلی آنچ

محل میں بیٹھی راجکماری ٹھنڈا آنسو روئے

اُس کے جوشن میں سب ہیرے

میرے پگ میں کانچ

دُکھ ایک نیلی آنچ

سب کے اپنے اپنے کارن، میں سوچوں تو سوچ

تیرے پیچھے کوئی نہیں ہے

میرے آگے پانچ

دُکھ اک نیلی آنچ

میری چنتا مت کر پیارے

اپنی پوتھی جانچ

☙

اے خدا، اے خدا

تیری دنیا میں سُن، کتنا کہرام ہے

دورِ آلام ہے

بے کسی عام ہے

تیری دنیا بڑی خون آشام ہے

یا فلسطین ہے

یا میانمار ہے

تجھ سے کیا عار ہے؟

تو ہی جبّار ہے

تو ہی قہّار ہے

اے خدا، دستِ و بازو عطا کر ہمیں

جو یہ ممکن نہیں

صبر دے، رحم کر

ہم کھڑے ہیں جھکائے ہوئے اپنا سر

غیب سے

معجزہ کوئی دکھلا ہمیں!

۸

کالے پتھر والی مسجد خواب میں آتی ہے
کالے پتھر والی مسجد، پاس بلاتی ہے
کالے پتھر کے چوکے پر بابا بیٹھا ہے
حوض کے اندر اپنا سایا دیکھ کے ہنستا ہے
صحن سے پاجی بچوں کی آوازیں آتی ہیں
وضو ادھورا ہے، تکبیریں چھوٹی جاتی ہیں
میں پانی لینے کو اپنے ہاتھ بڑھاتا ہوں
ہاتھ بڑھاتے ہی پانی غائب ہو جاتا ہے
کالے پتھر والی مسجد گریہ کرتی ہے
میں گھبرا کر اٹھ جاتا ہوں، سونے کمرے میں،
سسکی میرے کانوں سے اب تک ٹکراتی ہے
تاریکی اندر تاریکی، بڑھتی جاتی ہے

۴۸

کرم کی پھانس گڑی ہے نا

اڑی ہے سانس اڑی ہے نا

ابھی آنکھوں میں پھرتے ہیں

تنے کٹ کٹ کے گرتے ہیں

جڑوں میں جان بڑی ہے نا

جو گنگا جل ٹپکتا ہے

برابر میرے آتا ہے

کڑی میں اور کڑی ہے نا

او اس کو دھوپ اُراتی ہے

وہ کالے کو س بلاتی ہے

سے کی گانٹھ پڑی ہے نا

کرم کی پھانس گڑی ہے نا

یاد خوشی سے کیا جاؤں میں

اور بھُلا بھی دیا جاؤں میں

نام جو باتوں میں آیا کبھی

نقش ادھورے بنا جاؤں میں

ڈھونڈ نہ پاؤ گے میرے نشاں

خاک بدن کی اُڑا جاؤں میں

دور ہے جانا، افق سے پرے

ساتھ چلے گی دعا، جاؤں میں

شام سے پہلے نئی فصل کا

گیت سنا کر چلا جاؤں میں

یاد خوشی سے کیا جاؤں میں

اور بھُلا بھی دیا جاؤں میں

(کرسٹنا جورجینا روزیٹے کی انگریزی نظم سے متاثر ہو کر)

گھڑی رخصت کی آپہنچی

دعائیں دو مجھے یارو

سجے ہیں راستے میرے

دھلا آکاش میرا ہے

نمو کرتا سویرا ہے

سفر وحشت کا ہے لیکن

مجھے کس بات کا ڈر ہے

لیے جاتا ہوں سینے میں

ہوائے آرزومندی

سفر جب ناسفر ہوگا

مسافر یاد آئے گا

سوادِ شام میں کوئی

ستارہ مسکرائے گا!

ننھا مجاہد

(فلسطینی بچے کے نام)

باپ نے پائی شہادت، بھائی بھی مارا گیا
ایک دو کی بات ہی کیا، قافلہ سارا گیا

آنکھ کھولی تو لہو منظر چہار اطراف تھا
اک قیامت تھی بپا محشر چہار اطراف تھا

پیڑ آنگن کے ہوئے ننگے، دھواں گھر سے اُٹھا
ماں کا سایہ رہ گیا تھا، وہ بھی تو سر سے اُٹھا

سانس لی تو بس گئی بارود کی بو ناک میں
رحم کا جذبہ نہ پایا دیدۂ سفّاک میں

سیکیوں کو سونپ ڈالے، لوریاں سُننے کے دن
مُسکرانے، کھلکھلانے، بیپیاں چُننے کے دن

ہے کھلونے کی طرح بندوق میرے ہاتھ میں
اور اک لشکر دعاؤں کا ہے میرے ساتھ میں

شیرِ مادر خون بن کر دوڑتا نس نس میں ہے
ہے وطن کے واسطے حاضر جو میرے بس میں ہے

مُتفرّق

آفاق میں سب رنگ بدولت ہیں اسی کی
سوچی ہوئی ہر بات کا غم میرے لیے ہے

•

گھاس میں تلوے مسلنے کے لیے
کار سے آتے ہیں چلنے کے لیے

•

سامنے والے مکاں میں ہے چراغ
اب یہی کیا کم ہے، جلنے کے لیے

•

"تم راج کنور کو لے جاؤ
میں دشمن کو اُلجھالوں گا"

•

میری مٹّی خجل تو ہونے دے
روشنی منتقل تو ہونے دے

•

خول میں تھا ٹوٹنے سے بچ گیا
میں بھی کتنا عاقبت اندیش تھا

●

خوش تھے اُس کو دیوتا سب مان کر
میں ہی گھاٹے میں رہا پہچان کر

●

بہتر ہے مرنا ہی یوں ہی تو
اور ابھی کچھ روز جیئوں تو؟

●

چپ ہوں تو گہرا سناٹا
واویلا ___ گر بول پڑوں تو

●

کچھ شکایت نہیں ٹیکنوں کو
گھر کا آسیب، بے خطر جا گے

●

تمام عمر خود اپنے ہی ناس پاس رہے
عجیب لوگ تھے دانستہ بے لباس رہے

●

ہوا ہے خون خرابہ بہت محلّے میں
گلی کو چاہیے، کچھ دیر تک اُداس رہے

میں جنگل میں بسیرا چاہتا تھا
تمہیں او کاش گھر اچھے لگے تھے

●

مجھے ست سنگ کی جلدی پڑی تھی
سہیلی کو کنور اچھے لگے تھے

●

لیے شاخِ زیتون منقار میں
پرندہ گرا آکے راڈار میں

●

شدن لینے آیا تھا اوتار میں
کمنڈل گنوایا، ہری دوار میں

پنجم سے گارا

غزلیں

کیوں ایسا اکثر لگتا ہے
خوش ہونے سے ڈر لگتا ہے

جنگل کہنے کو جنگل ہے
لیکن گھر سا گھر لگتا ہے

سپنے گروی رکھ لیتا ہے
وہ تو جادوگر لگتا ہے

سوچو تو سب پل دو پل ہے
دیکھو تو منظر لگتا ہے

میں اُس کو رونے بیٹھا ہوں
ہر آنسو کنکر لگتا ہے

سسکی جان میں گھل جاتی ہے
نوحہ سینے پر لگتا ہے

کل ہم طارقؔ سے مل آئے
اپنے کو دوبھر لگتا ہے

جلتی ہے یادوں کی پرالی

آنکھ بھی خالی، دل بھی خالی

کھیل تماشہ دکھلانے کو

آئے بھالو اور ڈفالی

ہم تو خیر چلے جائیں گے

دنیا کے دن رہنے والی؟

اللہ اتنا اونچا ٹاور

ٹک ٹک دیکھ رہی ہے چپالی

(قطعہ)

حال ادب کا جانا بوجھا

چال ادب کی دیکھی بھالی

ایک طرف علّامہ شبلی

ایک طرف مولانا حالیؔ

ہم کہتے ہیں سودے بازی

تم کہتے ہو خیر سگالی

۔

رنگوں کی تاویل میں آ
جنگل جنگل کرتا جا

گوندھ سمے کی مٹّی کو
نئے نئے آکار بنا

بہتا ہے تو بہنے دے
چل، پانی سے پاؤں ہٹا

پتھر آئے آنگن میں
اِملی پر الزم لگا

تم ایسا کرسکتی ہو؟
لڑکی بولی: یس پاپا!

بڑی منوہر تتلی ہے
پھول سے بڑھ کر تتلی ہے

میں آکاش ہنڈولے میں
اور ہم سفر تتلی ہے

پیپر ویٹ ہے شیشے کا
اُس کے اندر تتلی ہے

نیندوں کے گھر سپنا ہے
سپنوں کے گھر تتلی ہے

دھوپ سے ملنے آئی ہے
رنگوں میں تر تتلی ہے

کالر پر آ بیٹھی ہے
کتنی سوبر تتلی ہے

تتلی سارا منظر ہے
سارا منظر تتلی ہے

قسمت جال بناتی ہے
مچھلی ہے پھنس جاتی ہے

رات پڑی ہے جنگل میں
جان بہت گھبراتی ہے

رنگوں کے آویزے میں
شام کھڑی مُسکاتی ہے

جوگی دھیان لگاتا ہے
اور پہاڑن گاتی ہے

روپ کی رویا کرتی ہے
بھاگ کی سکھ فرماتی ہے

داسی پوچھے دیوی سے،
تو کیوں دیپ جلاتی ہے؟

آج کہیں سے کمرے میں
نیند کی خوشبو آتی ہے

کال کی آنکھ میں سوئی ہے

سب کا سب جادوئی ہے

سارے منصب چھین لیے

یہ کیسی دلجوئی ہے؟

کیا تم سچ مچ بہرے ہو

یا کانوں میں روئی ہے

میرے اندر میں کب ہوں

"توئی ہے بس توئی ہے"

یا میں پتھر جیسا ہوں

یا وہ چھوئی موئی ہے

کیسے اترے آنکھوں میں
منظر صد پہلوئی ہے

موسم گارا گارا ہے
بادل پھوئی پھوئی ہے

ایک صنم ہے اپنا بھی
کیا ہے جو، مصنوعی ہے!

؏

نیکی ہے جنجال مجھے

آ دریا میں ڈال مجھے

مشکل ہے یہ سال مجھے

لے چل، اپنے نال مجھے

کوئی بتائے فال مجھے

کب آئے گا حال مجھے

آؤں تو کیسے آؤں؟

دھر لیتا ہے کال مجھے

میں خوابوں سے ڈرتا ہوں

لوری ہے زلزال مجھے

۵

یہ چاند اور یہ بے تاب رات کیا کہیے
ابھی گئی ہے یہیں سے حیات کیا کہیے

یہ کس کے نام کا بوسہ ملا ہے پھولوں کو
کہ نم ہے آج ہر اک پات پات کیا کہیے

دھنک حسین سہی رنگ کھو ہی دیتی ہے
ملا ہے دہر میں کس کو ثبات کیا کہیے

؏

چونچ میں پیاسی زباں بازو میں پر باندھے ہوئے
پنچھیو، اڑتے رہو شرطِ سفر باندھے ہوئے

بہہ رہا ہے نور سا دریا افق کے ساتھ ساتھ
اور ہم دریا کنارے خواب گھر باندھے ہوئے

ہیں یقیناً معتبر دل کی دھڑکتی خواہشیں
جائے پیروں میں دعا چھم چھم اثر باندھے ہوئے

تم کو آنا ہے تو آ جاؤ تردّد کس لیے؟
پیڑ شاخوں پر ابھی تک ہیں ثمر باندھے ہوئے

میں نے دیکھا، تم نے دیکھا، دیکھتے ہی رہ گئے
کون جانے کون ہے کس کی نظر، باندھے ہوئے

❦

اُس کے ہاتھ رکھتے ہی معجزہ ہوا ہے
گھاؤ میرے سینے کا پھول بن گیا ہے

خواب میری پلکوں پر جھلملا رہے ہیں
ریزہ ریزہ تاروں کو میں نے چُن لیا ہے

چرچ کے احاطے میں شام گار ہی ہے
یا خُدا ، یہ راہب تو بور کر رہا ہے

یا ملیں گے دو سائے یا فراق ہوگا
چاند کے نکلنے تک فیصلہ رُکا ہے

شیر دل سپاہی کی آنکھ بجھ گئی ہے
راکھ میں وہ کیا جانے کیا ٹٹولتا ہے؟

﷽

(کورونا کے پس منظر میں)

اپنا مہمان بنایا اُس نے
ہاتھ صابن سے دھلایا اُس نے

ادبِ عشق سکھایا اُس نے
دور ہی دور بٹھایا اُس نے

رنگ چہرے سے اُڑایا اُس نے
موت کا راگ سنایا اُس نے

نظر آتی نہیں کوئی صورت
وہی دیکھا جو دکھایا اُس نے

شہر میں خاک اُڑی پھرتی ہے
قبضہ گلیوں میں جمایا اُس نے

ہم نے وحشت سے ملا لی وحشت
کیا بھلا پوچھیے پایا اُس نے

یاد مجھے آیا کوئی بھُولا ہوا

خواب جیسے دیکھے کوئی، دیکھا ہوا

میں نے کہا: دل کے ہاتھوں میں تو گیا

ہنسنے لگا کہنے لگا ''اچھا ہوا''

لے کے یہ پیام آئی بادِ صبا

باغ میں وہ سیر کو ہے آیا ہوا

شام آئی ہے نہا کے ابھی ابھی

بالوں میں ہے تولیہ لپیٹا ہوا

نیند کسی طور مجھے آتی نہیں

گھاؤ میرے سینے کا ہے جاگا ہوا

شام کی میلی دھوپ میں گھر کا سُونا سُونا آنگن

کب سے رستہ دیکھ رہا ہے، چپ چپ تنہا آنگن

روشن دان میں جب دو آنکھیں دھندلا جاتی ہوں گی

اپنے دل میں جانے کیا کیا سوچتا ہوگا آنگن

پردیسی کے دل سے کوئی پوچھے اُن کی باتیں

وہ البیلی گاؤں کی گلیاں وہ البیلا آنگن

جس میں سہانے دن بیتتے ہیں میرے الہڑ پن کے

کیا جانے کس حال میں ہوگا اب وہ بوڑھا آنگن

؏

لگتے لگتے کوئی اچھا لگنے لگتا ہے
دھیرے دھیرے پھر وہ اپنا لگنے لگتا ہے

ہوتے ہوتے دل اتنا پاگل ہو جاتا ہے
اس کو غم بھی میٹھا میٹھا لگنے لگتا ہے

اس کی یادیں جانے کن گلیوں سے آتی ہیں
سارا عالم مہکا مہکا لگنے لگتا ہے

جادو سا ہوتا ہے کچھ پونم کی راتوں میں
بیٹھے بیٹھے، کیسا کیسا لگنے لگتا ہے

آنکھوں آگے ایسے ایسے منظر آتے ہیں
سوچو تو جیون بھی سپنا لگنے لگتا ہے

ﷺ

تتلی، جگنو، دھنک، ستارے، خواب تمھارے
کتنے کومل کتنے پیارے خواب تمھارے

میں نے اپنی نیند اُتارے خواب تمھارے
کب ہیں میرے سب ہیں تمھارے، خواب تمھارے

میں ان میں اپنی کھوئی دنیا پاتا ہوں
رکھتے ہیں مجھ کو مُشکارے، خواب تمھارے

کانٹوں کے بستر پر لیٹا سوچ رہا ہوں
ہوں گے جانے کس انگنا رے، خواب تمھارے

ٹوٹ گئے پلکوں سے گر کر نادانی میں
جوڑ رہا ہوں بیٹھا سارے، خواب تمھارے

جیسے یہ میری رچنا، یہ گیت، یہ نغمے
جیسے یہ معصوم کنوارے، خواب تمھارے

میری آنکھیں مجھ سے طارقؔ پوچھ رہی ہیں
کس نے دھرتی پر دے مارے، خواب تمھارے

یارکو پانے کی دُھن میں آئے تھے
مُڑ کے دیکھا اور پتھر ہو گئے

سنسناہٹ انگلیوں میں ہے رواں
لمس انگاروں کا شاید چاہیے

جانے کس کی آرزو پوری ہوئی
مندروں میں رات بھر دیپک جلے

ایک تارا آسماں سے کیا گرا
کھو گئے صحرا بہ صحرا قافلے

ملگجی سائے میں ٹکڑا دھوپ کا
میرے ماتھے پر تمہارے ہونٹ تھے

دودھیا آنچل کی لہروں سے پرے
دھند میں ڈوبے ہوئے تھے راستے

؏

زنداں میں شاہ کیا؟

معـزول کو جاہ کیا

یہ سال کیا ماہ کیا

یہ عمـر کوتاہ کیا

جینے میں اِکراہ کیا

اب میں کروں آہ، کیا؟

یادیں چڑھایا کرو

دل ہے تو درگاہ کیا؟

اونگھا کرو دھوپ میں

پر ہے تو پرواہ کیا؟

بغلوں میں بچے نہیں،

میلے میں آتا ہ کیا؟

کعبے تو ہو آئے ہو

دل میں ہے اللہ کیا؟

پرساد لینے ہم بھی کھڑے تھے قطار میں

پاکٹ کسی نے مار لیا، ہردوار میں

عاشق ہیں مست یار کی چوٹی سے کھا کے چوٹ

کیا لطف ہے نہ پوچھیے ظالم کی مار میں

چھلّا جو اس کی نذر کیا تھا غریب نے

دیکھا تو اب بھی گھوم رہا ہے مدار میں

ہو سادگی کی خیر وہ کرنے لگا ہے فرق

دامن کے تار اور گریباں کے تار میں

جب ہو گئے چناؤ تو نیتا نے یہ کہا

"لگتا نہیں ہے دل مرا اجڑے دیار میں"

غزل

میں یرغمال ہوں موسم کا تو خواب ہرے دیکھتا ہوں
پڑی ہے نیل ہواؤں سے گلاب ہرے دیکھتا ہوں

زمیں سے بھوک عبارت ہے نصاب ہرے دیکھتا ہوں
ہرے سوال نہیں لیکن جواب ہرے دیکھتا ہوں

خدا نے خوف اُتارا ہے، حنوط شدہ بستیوں میں
میں ہر مکان کے آنگن میں عذاب ہرے دیکھتا ہوں

مرے وجود میں کونپل سی، ضرور نمو پا رہی ہے
میں اب نگاہ جدھر ڈالوں سراب ہرے دیکھتا ہوں

؎

نہیں تدبیر کوئی پیش و پس میں
رہو زندہ ہوس اندر ہوس میں

ہماری آنکھ سورج رو چکی ہے
لہو کی گندھ آتی ہے تمس میں

پجاری کو بڑی چنتا لگی ہے
کبوتر کا بسیرا ہے کلس میں

ہمارے بیچ صحرا آ پڑا ہے
مگر دن کتنے ہوتے ہیں برس میں

تمھاری جان، میری جان میں ہے
اگر ہو تم تو میں بھی ہوں قفس میں

پنجم سے گارَا

بچّوں کے لیے

کون ہے؟

ہمیں جس نے پیدا کیا کون ہے؟

جو کرتا ہے لطف و عطا کون ہے؟

رہے گا نہ کوئی رہا، کون ہے

مگر جو رہے گا سدا کون ہے

وہ ہے کون جس کو ہے سب کی خبر

جو سُنتا ہے سب کی دعا، کون ہے

ہواؤں میں ہے کس کی خوشبو رچی

رواں پانیوں میں بھلا کون ہے

خدایا، نہیں کوئی تیرے سوا

نہیں کوئی تیرے سوا، کون ہے؟

بادل جو آئے

بادل جو آئے

طوفان لائے

جنگل کا جنگل

رم جھم نہائے

پھر دھوپ نکلے

دن رس مسائے

پریوں نے اپنے

کپڑے سکھائے

بسنت بہار

پتّے نئے، خوش بوئی

رس رنگ کے جلوے کئی

سنگیت سُر، بولی مدھر

سورج بھلا سونا دھلا

تتلی ہنسی، غازہ ملا

دھانی سنہری چمپئی

پتّے نئے، خوش بوئی

چشمہ وہاں بہنے لگا

'آ تُو بھی آ' کہنے لگا

سنکی ہوا، راحت فزا

دن آ گئے، لہرا گئے

سنسار سے، اُبھار سے

بگیا ہماری سج گئی

پتّے نئے، خوش بوئی!

ناریل

جہاں تہاں ساحل پہ مست کھڑے ناریل

جھوم رہے مستی میں چھڑے چھڑے ناریل

لہروں کے زور سے

کووں کے شور سے

نیند بھرے موسم میں جاگ پڑے ناریل

تیور تو دیکھیے

اوپر تو دیکھیے

آکاش چھونے کی ضد پہ اڑے ناریل

ٹھنڈی ہواؤں میں

تاروں کی چھاؤں میں

خوب لڑے آپس میں خوب لڑے ناریل

جلوے ہزار ہیں

گُن بے شمار ہیں

سچ ہے کہ آتے ہیں کام بڑے ناریل!

یہ ریل سواری لوہے کی...

اس دل میں آگ جو جلتی ہے

یہ ریل اُسی سے چلتی ہے

یہ ریل ہمیں سے چلتی ہے

یہ ریل سواری لوہے کی...

جو کھم ہے تو کیا ڈرنا ہے

جو کرنا ہے وہ کرنا ہے

ہاں، جینا ہے تو جینا ہے

ہاں، مرنا ہے تو مرنا ہے

سچ ہے، کب ہونی ٹلتی ہے

یہ ریل تو پھر بھی چلتی ہے

یہ ریل ہمیں سے چلتی ہے

یہ ریل سواری لوہے کی...

پٹڑی کے جال بچھاتے ہیں

ندّی پر پل بن جاتے ہیں

یہ ہستی ہے ہم لوگوں کی

ہم لوگ جو ریل چلاتے ہیں

سگنل کی آنکھ بدلتی ہے

یہ ریل مدادم چلتی ہے

یہ ریل ہمیں سے چلتی ہے

یہ ریل سواری لوہے کی...

انجن کا مان ہمیں سے ہے

پہیّوں میں جان ہمیں سے ہے

جو گیت سنائی دیتا ہے

اُس کی ہر تان ہمیں سے ہے

اس تن سے بھاپ نکلتی ہے

یہ ریل تبھی تو چلتی ہے

یہ ریل ہمیں سے چلتی ہے

یہ ریل سواری لوہے کی...

جنگل میں فیشن پریڈ

جنگل میں چل نکلا فیشن

بندر پہنے آیا اچکن

ہاتھی پہنے سوٹ پٹھانی

اونٹ پھرے پہنے شیروانی

گینڈا پہنے آیا صدری

چیتے نے پہنی ہے جرسی

شیر ببّر نے پہنا چوغا

گیدڑ کوٹ پہن اترایا

ہرن کو بھائے چھینٹ کا کرتا

جینس میں گھومے بارہ سنگھا

لومڑی پہنے چنیا چولی

زیبرا پہنے چٹا پٹی

بھالو نے باندھا ہے مفلر

اور گدھے نے پہنا کھدّر

مور کا جوڑا سب سے بھاری

سارا جنگل جس پرواری

بارش کا سنگیت

ڈراوَں ڈک

ڈراوَں ڈک

تال گئے سب چھلک

رِکی رِکی رُو واں رُو

رات گئے دیر تک

گھنان گھنان

برسورے بے دھڑک

ناوَ لگی ڈولنے،

یلا یلا یک بیک!

گُڑمبا

لے لے کے مزے شوق سے کھاتا ہے گُڑمبا
ہے کون، کہ جس کو نہیں بھاتا ہے گُڑمبا

کھاتا ہے جو، کرتا ہے وہ اللہ کی تعریف
اللہ سے بندے کو ملاتا ہے گُڑمبا

پیتا ہے کوئی چھان کے پودینے کا شربت
گرمی کے تئیں کوئی بناتا ہے گُڑمبا

کیا چیز ہے گُڑمبا ہے، غذا بھی ہے، دوا بھی
اکسیر ہے خفقان بھگاتا ہے گُڑمبا

چٹنی بھی مُربّہ بھی بہت خوب ہے لیکن
اس سے بھی سوا ہم کو سہاتا ہے گُڑمبا

بلّی کو نظر خواب میں جو آئے سو آئے
ہم کو تو نظر خواب میں آتا ہے گُڑمبا

کیا خوب پڑا کا پاپڑ کا

نمکین کرارے دس پیسے، کیا خوب پڑا کا پاپڑ کا

کیا آتا ہے، دس پیسے میں

کیا جاتا ہے، دس پیسے میں

من بھاتا ہے، دس پیسے میں

نمکین کرارے دس پیسے، کیا خوب پڑا کا پاپڑ کا

راجا کھائے، رانی کھائے

کانا کھائے، کانی کھائے

نانا کھائے، نانی کھائے

نمکین کرارے دس پیسے، کیا خوب پڑا کا پاپڑ کا

پاپڑ کا سواد، نرالا ہے

جو پڑتا ہے سب ڈالا ہے

پُونے کا پاپڑ والا ہے

نمکین کرارے دس پیسے، کیا خوب پڑا کا پاپڑ کا

جاؤں گا، میں جاؤں گا

آرے پارے، میٹھے کھارے

دیکھ چکا ہوں دریا سارے

ہیّارے ہیّا، ہیّارے

جاؤں گا، میں جاؤں گا

چاہے لاکھ ہوا پھپکارے

ہنستے گاتے، خوش رفتارے

ہیّارے ہیّا، ہیّارے

جاؤں گا، میں جاؤں گا

یارو، وہ کیوں ہمّت ہارے

جس کی ناؤ خدا پتوارے

ہیّارے، ہیّا، ہیّارے

جاؤں گا میں جاؤں گا

الو داع، بارش

بارش نے کی "بائے بائے"
اگلے سال خدا پھر لائے

پھول شگوفے پتّے بوٹے
گھاس کے بن کے بن لہرائے

مدھم بہے ترل رل پانی
دریا پڑے پڑے ستائے

دھوپ ہوئی ایسی چمکیلی
آنکھ اجالے میں چندھیائے

جانے کہاں سے اڑنے والے
بھانت بھانت کے جنتو آئے

سیلفی کھینچ رہی ہے دنیا
وادی سو سو روپ دکھائے

گیلے ہیں موزے احمد کے
جائے کہ یا اسکول نہ جائے!

دیس اپنا بھارت

دیس اپنا بھارت ہے

دیس اپنا بھارت

پریم کا سندیسہ ہے پیار کی بشارت

دیس اپنا بھارت ہے

دیس اپنا بھارت

رنگ و بُو زمانے میں ہے اسی کے دم سے

اس جہاں کے ماتھے پر پھول سی عبارت

دیس اپنا بھارت ہے

دیس اپنا بھارت

رونقیں دسہرے کی، عید کے جھمیلے

ایکتا کی چوکھٹ پر امن کی زیارت

دیس اپنا بھارت ہے

دیس اپنا بھارت

اس کی خاک سے اُٹّھے بن کے ایک آندھی

اس کی خاک میں مل کر زندگی سوارت

دیس اپنا بھارت

دیس اپنا بھارت